날마다 행복하길 소원하며

＿＿＿＿＿＿＿ 님께

년 　월 　일

＿＿＿＿＿＿＿ 드립니다.

선물⁵²

God-given Gift

선물 52

펴낸날　2007. 11. 18.
지은이　권태진
발행처　도서출판 성빛
등록번호　제 96-21호
주 소　435-050 경기도 군포시 금정동 870-10
대표전화 031)397-6754　**팩스** 031)397-9241
홈페이지 www. gunpojeil.org

ISBN　978-89-87187-21-1　03230

권태진 목회시선 7집

선물⁵²

God-given Gift

권태진 지음

서빛

선한 사마리아 사람처럼 목마르고 지친 사람에게
물 한 모금과 따뜻한 말 한 마디를 건네준다면
세상은 기쁨을 소유한 영혼들로 넘쳐날 것입니다.

이 세상에서 가장 값진 선물은
값없이 주신 하나님의 선물입니다.
그것은 바로 구원입니다.
영생이지요.

"너희가 그 은혜에 의하여 믿음으로 말미암아 구원을 받았으니 이
것은 너희에게서 난 것이 아니요 하나님의 선물이라 행위에서 난
것이 아니니 이는 누구든지 자랑하지 못하게 함이라" (엡 2:8-9)

천지를 창조하신 분이 주신 영생의 선물은
문득 문득 생각나는 죽음의 고통에서 떨쳐버릴 능력과
영원한 천국을 소망하는 기쁨을 안겨 줍니다.
영생 가진 자의 삶은 어떠해야 될까요?
선물 받은 자의 마음가짐은요?
사랑의 선물인 믿음과 구원은 행복의 씨요, 능력입니다.

「선물 52」는
좋은 때나 힘들고 외로울 때
하나님께 기도하며 얻은 영감의 시 한편
시편을 묵상하며 은혜받아 선별해 놓은 몇 구절들
그리고 삶의 체험을 통해 순간순간 주신
지혜의 짧은 글들을 소복이 담고 있습니다.

1년, 52주, 365일
시 한편, 영어 한 문장, 지혜의 글
그리고 매일의 시편 구절을 통해 얻은 영적 감동을 통해
순간순간을 지혜로 채워가시길 소원합니다.

하나님의 특별한 선물이
이 시집을 읽은 모든 분들에게 임하기를 기대하면서
책이 나오기까지 수고한 아내와 이경복 권사와
당회원과 온 성도들께 감사드리며
영광을 하나님께 돌립니다.

2007년 11월 18일
권 해 진 목사

새해 새날 피어나는 소망 따라
행복의 열매 맺고
감사 찬양 진리 순종으로
영원한 님의 품에서
성공의 해가 되리라

January **1**

새 해

동녘 태양 매일
동일하게 떠오르나
날 새고 보니
새로운 각오
더 아름답구나

두툼한 카렌다
가지런히 벽에 걸고
한 장 한 장 넘기다
한 해를 다 넘겼네

새해 이루어질 일
주마등처럼 보이니
설레임으로 새날 새일 세우고
입술에 웃음 머금는구나

묵은 때 말끔히 닦고
새 술 새 부대에 담으라는
말씀 묵상하며
새 술인 성령 가득 채워
오순절 신비 체험하는
행복 사랑 가득한
건강한 삶 되겠구나.

I will proclaim the decree of the LORD: He said to me, "You are my Son; today I have become your Father.　　　　(2:7)

| Weekley Psalms |

시편 1~2편

| Daily Spiritual Food |

Mon
/
복 있는 사람은 악인들의 꾀를 따르지 아니하며 (1:1)

Tue
/
그는 시냇가에 심은 나무가 철을 따라 열매를 맺으며 그 잎사귀가 마르지 아니함 같으니 그가 하는 모든 일이 다 형통하리로다 (1:3)

Wed
/
무릇 의인들의 길은 여호와께서 인정하시나 악인들의 길은 망하리로다 (1:6)

Thu
/
너는 내 아들이라 오늘 내가 너를 낳았도다 (2:7)

Fri
/
내게 구하라 내가 이방 나라를 네 유업으로 주리니 네 소유가 땅 끝까지 이르리로다 (2:8)

Sat
/
여호와를 경외함으로 섬기고 떨며 즐거워할지어다 (2:11)

| Vision Point |

비행기가 높게 떠야 산을 넘듯이
가치관과 믿음과 사랑도 높아야 고난을 이겨냅니다.

구 정

해돌아 달돌아
신정 구정 징검다리 놓았구나

지난 세월 추억의 산실
가슴으로 피어내고

만남의 행복 확인하는
혈육의 정 소복이 담는구나

해처럼 큰 님의 빛사랑
달된 우리 맘 조용히 비추니

혈육정 곱게 핀 곳
전능자 사랑 빛 가득채운다

이 구정 새해에!

From the LORD comes deliverance. May your blessing be on your people. Selah

(3:8)

| Daily Spiritual Food |

Mon
/
여호와여 주는 나의 방패시요 나의 영광이시요 나의 머리를 드시는 자이시니이다 (3:3)

Tue
/
구원은 여호와께 있사오니 주의 복을 주의 백성에게 내리소서 (3:8)

Wed
/
여호와께서 자기를 위하여 경건한 자를 택하신 줄 너희가 알지어다 (4:3)

Thu
/
주께서 내 마음에 두신 기쁨은 그들의 곡식과 새 포도주가 풍성할 때보나 더하니이다 (4:7)

Fri
/
나를 안전히 살게 하시는 이는 오직 여호와이시니이다 (4:8)

Sat
/
거짓말하는 자들을 멸망시키시리이다 여호와께서는 피 흘리기를 즐기는 자와 속이는 자를 싫어하시나이다 (5:6)

| Vision Point |

말이 통하는 관계가 있고 마음이 통하는 관계가 있습니다.

빛으로 채우리라

할 수 있는 일
단 하나도 없다는 것을

할 수 없는 일도
하나 없다는 것 또한

내가 주체 되면
아무 것도 할 수 없으나
잡고 있는 전능자 손에
내 몸 맡기면
모든 일 할 수 있음을
깨닫게 된다

나의 몸 골리앗의 칼 아닌
길가에 내동댕이 쳐진
다윗의 물맷돌되어
아버지 뜻대로
이 땅 가득 빛으로 채우리라.

The LORD has heard my cry for mercy; the LORD accepts my prayer. (6:9)

| Weekley Psalms |
시편 5~8편

| Daily Spiritual Food |

Mon
/
주의 보호로 말미암아 영원히 기뻐 외치고 주의 이름을 사랑하는 자들은 주를 즐거워하리이다 (5:11)

Tue
/
나의 영혼도 매우 떨리나이다 여호와여 어느 때까지니이까 (6:3)

Wed
/
내가 탄식함으로 피곤하여 밤마다 눈물로 내 침상을 띄우며 내 요를 적시나이다 (6:6)

Thu
/
여호와께서 내 간구를 들으셨음이어 여호와께서 내 기도를 받으시리로다 (6:9)

Fri
/
악인의 악을 끊고 의인을 세우소서 의로우신 하나님이 사람의 마음과 양심을 감찰하시나이다 (7:9)

Sat
/
여호와 우리 주여 주의 이름이 온 땅에 어찌 그리 아름다운지요 주의 영광이 하늘을 덮었나이다 (8:1)

| Vision Point |

자신의 필요를 채우기 위해서 인간관계를 맺으면
오래 가지 못합니다.

나를 찾게 해 주세요

나는 누구입니까
무엇을 위해 태어나게 했나요
지금 갖은 생각 머무는 위치
님이 원하는 것입니까

님이여!
손 모읍니다

바쁜 일 보다
중요한 일
나의 유익보다
모두의 이익
모두의 유익보다
님의 뜻 위해
광야 길 좁은 길이라도 가는
결단을 주시옵소서.

Those who know your name will trust in you, for you, LORD, have never forsaken those who seek you. (9:10)

| Weekley Psalms |
시편 8~11편

| Daily Spiritual Food |

Mon
/
사람이 무엇이기에 주께서 그를 생각하시며 인자가 무엇이기에 주께서 그를 돌보시나이까 (8:4)

Tue
/
내가 주를 기뻐하고 즐거워하며 지존하신 주의 이름을 찬송하리니 (9:2)

Wed
/
공의로 세계를 심판하심이여 정직으로 만민에게 판결을 내리시리로다 (9:8)

Thu
/
여호와여 주의 이름을 아는 자는 주를 의지하오리니 이는 주를 찾는 자들을 버리지 아니하심이니이다 (9:10)

Fri
/
여호와여 주는 겸손한 자의 소원을 들으셨사오니 그들의 마음을 준비하시며 귀를 기울여 들으시고 (10:17)

Sat
/
내가 여호와께 피하였거늘 너희가 내 영혼에게 새 같이 네 산으로 도망하라 함은 어찌함인가 (11:1)

| Vision Point |

낙하산과 얼굴은 펴져야 삽니다.

사람을 두려워 말고
가슴을 열고 사랑으로 품으라
새 영혼의 생명아
믿음으로 살아나라

February **2**

안 개

새벽공기 호흡하며
안개길 걸으니
이슬 안고 허공의 꽃 되어
온 몸 감싼다

희미하게 보이는
산을 어루만지며
바람 날개 달고 승천한다

걸음 걸음 더할수록
동녘의 태양 깨어나니
안개 어둠 손잡고
조용히 사라진다

잠시 있다가 없어지는
안개도 때를 아는데….

And the words of the LORD are flawless, like silver refined in a
furnace of clay, purified seven times.   (12:6)

| Weekley Psalms |
시편 11~13편

| Daily Spiritual Food |

Mon
/
여호와께서는 그의 성전에 계시고 여호와의 보좌는 하늘에 있음이여 그
의 눈이 인생을 통촉하시고 그의 안목이 그들을 감찰하시도다 (11:4)

Tue
/
여호와는 의로우사 의로운 일을 좋아하시나니 정직한 자는 그의 얼굴을
뵈오리로다 (11:7)

Wed
/
여호와께서 모든 아첨하는 입술과 자랑하는 혀를 끊으시리니 (12:3)

Thu
/
여호와의 말씀은 순결함이여 흙 도가니에 일곱 번 단련한 은 같도다 (12:6)

Fri
/
여호와 내 하나님이여 나를 생각하사 응답하시고 나의 눈을 밝히소서 두
렵건대 내가 사망의 잠을 잘까 하오며 (13:3)

Sat
/
나는 오직 주의 사랑을 의지하였사오니 나의 마음은 주의 구원을 기뻐하
리이다 (13:5)

| Vision Point |

하루만 잘 먹고 잘 살면 된다는 하루살이 인생과
한 철만 잘 먹고 잘 살자는 메뚜기 인생이 되지 말아야 합니다.

생 명

사랑의 여울에
헤엄치는 생명
사람의 형체로
곱게 맺혀져 가는구나

창조의 세계로
태어난 가정들
생육번성의 대업
이룩하려무나

온 대지 가득 생명력 안에
만물의 통치자 권위입고
행복의 둥지 가득
님의 백성 많이 태어나라.

I said to the LORD, "You are my Lord; apart from you I have no good thing." (16:2)

| Daily Spiritual Food |

Mon
/ 어리석은 자는 그의 마음에 이르기를 하나님이 없다 하는도다 그들은 부패하고 그 행실이 가증하니 선을 행하는 자가 없도다 (14:1)

Tue
/ 너희가 가난한 자의 계획을 부끄럽게 하나 오직 여호와는 그이 피난처가 되시도다 (14:6)

Wed
/ 정직하게 행하며 공의를 실천하며 그의 미음에 진실을 말하며 (15:2)

Thu
/ 이자를 받으려고 돈을 꾸어 주지 아니하며 뇌물을 받고 무죄한 자를 해하지 아니하는 자이니 이런 일을 행하는 자는 영원히 흔들리지 아니하리이다 (15:5)

Fri
/ 내가 여호와께 아뢰되 주는 나의 주님이시오니 주 밖에는 나의 복이 없다 하였나이다 (16:2)

Sat
/ 다른 신에게 예물을 드리는 자는 괴로움이 더할 것이라 나는 그들이 드리는 피의 전제를 드리지 아니하며 (16:4)

| Vision Point |

중심이 받혀지지 않는 일에는 열매가 부실합니다.

꿈

꿈 소원 입고
잠자다가도 벌떡 일어나
두 주먹 움켜지고
'주여, 믿습니다' 라고

내가 품은 소원
내 힘으로 이룰 수 없는 것
꿈 주신 분만이 이룰 수 있다

끝 보이지 않을 만큼의 성도
복음으로 맺어진 신령한 가정
형형색색 빈부귀천 남녀노소
모두 함께 공존하는
낙원의 둥지

서로가 섬기는 초대교회처럼
필요 채워줌 꿈꾸며
불 꺼진 방에서
꿈 성취의 환상을 본다.

As for God, his way is perfect; the word of the LORD is flawless.
He is a shield for all who take refuge in him.   (18:30)

| Weekley Psalms |

시편 17~18편

| **Daily Spiritual Food** |

Mon
/
나의 걸음이 주의 길을 굳게 지키고 실족하지 아니하였나이다 (17:5)

Tue
/
그들의 마음은 기름에 잠겼으리니 내 원수들에게서 벗어나게 하소서 (17:10)

Wed
/
스올의 줄이 나를 두르고 사망의 올무가 내게 이르렀도다 (18:5)

Thu
/
그가 높은 곳에서 손을 펴사 나를 붙잡아 주심이여 많은 물에서 나를 건
져내셨도다 (18:16)

Fri
/
하나님의 도는 완전하고 여호와의 말씀은 순수하니 그는 자기에게 피하
는 모든 자의 방패시로다 (18:30)

Sat
/
하나님이 나를 위하여 보복해 주시고 민족들이 내게 복종하게 해 주시도
다 (18:47)

| Vision Point |

사랑이 없고 미래를 생각하지 않는 농부는
거름을 주기 보다는 농약을 줍니다.

사천의 고마움

붉은 태양
빛 안고 일어나니
희망의 날 속속들이
감사열매
행복 배어들고

봄처녀 온 산천
생명 불어 넣어
사랑의 향기 곱게 피어납니다

구구팔팔 이삼천(998823天)*하니
사(死) 먹는 천(天)의 고마움
하늘만큼 감사한 맘
지천에 가득합니다.

* 99세까지 팔팔하고 건강하게 살다가 이틀이나 삼일만 앓고 천국가는 것을 소망.

The precepts of the LORD are right, giving joy to the heart. The commands of the LORD are radiant, giving light to the eyes.

(19:8)

| Weekley Psalms |
시편 19~21편

| Daily Spiritual Food |

Mon
/ 여호와의 율법은 완전하여 영혼을 소성시키며 여호와의 증거는 확실하여 우둔한 자를 지혜롭게 하며 (19:7)

Tue
/ 여호와의 교훈은 정직하여 마음을 기쁘게 하고 여호와의 계명은 순결하여 눈을 밝게 하시도다 (19:8)

Wed
/ 금 곧 많은 순금보나 너 사모할 것이며 꿀과 송이꿀보다 더 달도다 (19:10)

Thu
/ 우리가 너의 승리로 말미암아 개가를 부르며 우리 하나님의 이름으로 우리의 깃발을 세우리니 여호와께서 네 모든 기도를 이루어 주시기를 원하노라 (20:5)

Fri
/ 어떤 사람은 병거, 어떤 사람은 말을 의지하나 우리는 여호와 우리 하나님의 이름을 자랑하리로다 (20:7)

Sat
/ 그가 생명을 구하매 주께서 그에게 주셨으니 곧 영원한 장수로소이다 (21:4)

| Vision Point |

사랑을 받아야 사랑이 생깁니다.
사랑하는 사람에게는 스스로 그 사람의 종이 됩니다.

푸른 옷 봄 처녀
형형색색의 치맛자락 휘어 감고
개나리 진달래 리본 달고
목련꽃 담장 넘는 행복한 그날
믿음의 눈 살며시 여니
겨자씨 믿음 큰 나무되고
빈 가슴 가득한 만족
행복 샘 되리라

March **3**

황사야

봄마다 찾아오는 황사야
너의 고향은 어디메냐

푸른 숲 죽어가고
사막의 황량한 맘
가슴으로 울어대다
바람나래 달았구나

산 넘고 강 건너
대한까지 온 것 장하다만
길손 입마다 하얀 망 씌우며
이곳저곳 사뿐히 앉으나
환영받지 못하니 서럽지 않나

황사야!
외로움 곱씹으면서 지내더라도
이곳엔 오지 말아라.

From birth I was cast upon you; from my mother's womb you have been my God.   (22:10)

| Weekley Psalms |
시편 22~25편

| Daily Spiritual Food |

Mon
/
내 하나님이여 내 하나님이여 어찌 나를 버리셨나이까 어찌 나를 멀리하여 돕지 아니하시오며 내 신음 소리를 듣지 아니하시나이까 (22:1)

Tue
/
내가 날 때부터 주께 맡긴 바 되었고 모태에서 나올 때부터 주는 나의 하나님이 되셨나이다 (22:10)

Wed
/
여호와여 멀리하지 마옵소서 나의 힘이시여 속히 나를 도우소서 (22:19)

Thu
/
겸손한 자는 먹고 배부를 것이며 여호와를 찾는 자는 그를 찬송할 것이라 너희 마음은 영원히 살지어다 (22:26)

Fri
/
그가 나를 푸른 풀밭에 누이시며 쉴 만한 물가로 인도하시는도다 (23:2)

Sat
/
주를 바라는 자들은 수치를 당하지 아니하려니와 까닭 없이 속이는 자들은 수치를 당하리이다 (25:3)

| Vision Point |

사람되려고 사람답게 사는 것이 아니라
사람으로 태어났으니 사람답게 사는 것입니다.

봄의 문턱

겨울, 흙 밑으로 빠져들고
봄, 남풍에 날려 오니
봄처녀 파란 옷 길쌈한다

산등성 철쭉 피는 날
진달래 옷고름 달고
아지랑이 여울에
산새 사랑 노래한다

푸른 산 토하는 물개울
개구리 풍덩 헤엄치고
두꺼비 엉궁엉궁 기어오르며
버들강아지 눈 틔우고
물거미 물위 활보하며
산딸기 좇는 시골 삶
추억 그리운 동심
봄향기 타고 피어난다.

Test me, O LORD, and try me, examine my heart and my mind.

(26:2)

| Weekley Psalms |

시편 25~27편

| **Daily Spiritual Food** |

Mon
/
여호와여 내 젊은 시절의 죄와 허물을 기억하지 마시고 주의 인자하심을 따라 주께서 나를 기억하시되 주의 선하심으로 하옵소서 (25:7)

Tue
/
주여 나는 외롭고 괴로우니 내게 돌이키사 나에게 은혜를 베푸소서 (25:16)

Wed
/
여호와여 나를 살피시고 시험하사 내 뜻과 내 양심을 단련하소서 (26:2)

Thu
/
여호와는 나와 빛이요 나의 구원이시니 내가 누구를 두려워하리요 (27:1)

Fri
/
여호와께서 환난 날에 나를 그의 초막 속에 비밀히 지키시고 그의 장막 은밀한 곳에 나를 숨기시며 높은 바위 위에 두시리로다 (27:5)

Sat
/
내 생명을 내 대적에게 맡기지 마소서 위증자와 악을 토하는 자가 일어나 나를 치려 함이니이다 (27:12)

| **Vision Point** |

머리의 생각이 손과 발까지 빨리 전달되어 움직여야
건강한 몸입니다.

좋은 것 심어요

사랑 심는 걸 보니
행복하겠네요

복음 전하는 걸 보니
하늘에서 별처럼 빛나겠네요

꽃씨 심는 걸 보니
꽃밭에 살겠네요

물질 선용하는 걸 보니
부자 되시겠네요

좋은 것 심는 걸 보니
당신은
좋은 것 거두겠네요.

The LORD gives strength to his people; the LORD blesses his people with peace.   (29:11)

| Weekley Psalms |

시편 28~31편

| Daily Spiritual Food |

Mon
/
여호와여 내가 주께 부르짖으오니 나의 반석이여 내게 귀를 막지 마소서 주께서 내게 잠 잠하시면 내가 무덤에 내려가는 자와 같을까 하나이다 (28:1)

Tue
/
여호와의 소리가 물 위에 있도다 영광의 하나님이 우렛소리를 내시니 여호와는 많은 물 위에 계시도다 (29:3)

Wed
/
여호와께서 자기 백성에게 힘을 주심이여 여호와께서 자기 백성에게 평강의 복을 주시리로다 (29:11)

Thu
/
여호와 내 하나님이여 내가 주께 부르짖으매 나를 고치셨나이다 (30:2)

Fri
/
주께서 나의 슬픔이 변하여 내게 춤이 되게 하시며 나의 베옷을 벗기고 기쁨으로 띠우셨나이다 (30:11)

Sat
/
여호와여 내가 주께 피하오니 나를 영원히 부끄럽게 하지 마시고 주의 공의로 나를 건지소서 (31:1)

| Vision Point |

미운 사람이 생기면 생길수록 삶의 범위가 그 만큼 좁아집니다.

생 명

흔들리는 갈대도
생명 있으니

비바람 눈서리에도
홀씨 이기고
봄빛 받고 일어나

무더운 여름 큰 키 키워
가을바람에 춤추는구나

생명의 소중함
지혜자만 알리라.

Be strong and take heart, all you who hope in the LORD. (31:24)

| Daily Spiritual Food |

Mon
/
그들이 나를 위하여 비밀히 친 그물에서 빼내소서 주는 나의 산성이시니이다 (31:4)

Tue
/
주의 얼굴을 주의 종에게 비추시고 주의 사랑하심으로 나를 구원하소서 (31:16)

Wed
/
여호와를 바라는 너희들아 강하고 담대하라 (31:24)

Thu
/
허물의 사함을 받고 자신의 죄가 가려진 자는 복이 있도다 (32:1)

Fri
/
내가 입을 열지 아니할 때에 종일 신음하므로 내 뼈가 쇠하였도다 (32:3)

Sat
/
이로 말미암아 모든 경건한 자는 주를 만날 기회를 얻어서 주께 기도할지라 진실로 홍수가 범람할지라도 그에게 미치지 못하리이다 (32:6)

| Vision Point |

마티즈 타고 싶은가요? 벤츠 타고 싶은가요?

마티즈 타고 별장 가고 싶은가요? 벤츠 타고 형무소 가고 싶은가요?

둘이 하나로

당신 나 하나되니
부부라 불려지고
사랑 나무에
행복 꽃 만개하니
생육번성의 열매
아이들 낙원되네요

부부의 행복은
님의 교훈따라
살아가는 비결됨 믿어
말없이
오늘도 열린 맘으로
님의 말씀 가슴에 씨 심고
숲 속의 밀알로
조용히 썩어 볼래요.

The LORD is close to the brokenhearted and saves those who are crushed in spirit. (34:18)

| **Weekley Psalms** |
시편 33~34편

| Daily Spiritual Food |

Mon
/
여호와를 자기 하나님으로 삼은 나라 곧 하나님의 기업으로 선택된 백성은 복이 있도다 (33:12)

Tue
/
여호와는 그를 경외하는 자 곧 그의 인자하심을 바라는 자를 살피사 (33:18)

Wed
/
여호와여 우리가 주께 바라는 대로 주의 인자하심을 우리에게 베푸소서 (33:22)

Thu
/
내가 여호와께 간구하매 내게 응답하시고 내 모든 두려움에서 나를 건지셨도다 (34:4)

Fri
/
젊은 사자는 궁핍하여 주릴지라도 여호와를 찾는 자는 모든 좋은 것에 부족함이 없으리로다 (34:10)

Sat
/
여호와는 마음이 상한 자를 가까이 하시고 충심으로 통회하는 자를 구원하시는도다 (34:18)

| **Vision Point** |

부드러운 벽지가 홀로는 설 수 없지만
벽에 붙으면 벽과 같이 강해집니다.

선이란 말 대신
감사란 말로 바꾸고
님따라 사는 생활
사랑스러운 죄인들
피멍 든 가슴에 안으니
주는 사람으로 누림되니
너는 나의 기쁨의 씨여라

April

4

행복이 찾아 오겠네요

세속 늪에 빠졌구나
힘쓸수록
더 깊이 빠지고
소리칠수록
더 외롭고
화려한 삶 꿈꿀수록
더더욱 초라해지네요

생명이 코끝에 있으니
호흡이 끝나면
소중한 육체
혐오의 시체 되네요

아! 인생아
님의 보호 있으니
너 소중하고
대속의 보혈 입으니
영원한 생명 살아나고

자기부인 할 줄 아니
행복이 찾아 오겠네요.

May the foot of the proud not come against me, nor the hand of
the wicked drive me away.   (36:11)

Daily Spiritual Food

Mon
/
악이 악인을 죽일 것이라 의인을 미워하는 자는 죄를 받으리로다 (34:21)

Tue
/
창을 빼사 나를 쫓는 자의 길을 막으시고 또 내 영혼에서 나는 네 구원
이라 이르소서 (35:3)

Wed
/
주여 어느 때까지 관망하시려 하나이까 내 영혼을 저 멸망자에게서 구원
하시며 내 유일한 것을 사자들에게서 건지소서 (35:17)

Thu
/
나의 하나님, 나의 주여 떨치고 깨셔서 나를 공판하시며 나의 송사를 다
스리소서 (35:23)

Fri
/
하나님이여 주의 인자하심이 어찌 그리 보배로우신지요 사람들이 주의
날개 그늘 아래에 피하나이다 (36:7)

Sat
/
교만한 자의 발이 내게 이르지 못하게 하시며 악인들의 손이 나를 쫓아
내지 못하게 하소서 (36:11)

| Vision Point |

굴러온 돌이 박힌 돌을 뽑아내니 박힌 돌은 바짝 엎드려야 합니다.

형틀에 핀 꽃

형틀에 핀 사랑의 꽃
속속들이 아름답고
돌무덤 임한 부활 능력
영원토록 승리하니
구름입고 하늘가신 산돌
모사의 머리돌 되었구나

첫 열매 앞세운 생명
후발대로 소망키움
흑암 먹은 어린양
살 피 먹고 하나되어
큰 자 자녀 권세 입히니
누가 감히 시비할꼬
형틀로 놓은 다리
낙원까지 닿았구나.

Refrain from anger and turn from wrath; do not fret - it leads only to evil.
(37:8)

| Daily Spiritual Food |

Mon
/ 여호와를 의뢰하고 선을 행하라 땅에 머무는 동안 그의 성실을 먹을거리로 삼을지어다 (37:3)

Tue
/ 분을 그치고 노를 버리며 불평하지 말라 오히려 악을 만들 뿐이라 (37:8)

Wed
/ 의인의 적은 소유가 악인의 풍부함보다 낫도다 (37:16)

Thu
/ 여호와를 바라고 그의 도를 지키라 그리하면 네가 땅을 차지하게 하실 것이라 악인이 끊어질 때에 네가 똑똑히 보리로다 (37:34)

Fri
/ 악으로 선을 대신하는 자들이 내가 선을 따른다는 것 때문에 나를 대적하나이다 (38:20)

Sat
/ 진실로 각 사람은 그림자 같이 다니고 헛된 일로 소란하며 재물을 쌓으나 누가 거둘는지 알지 못하나이다 (39:6)

| Vision Point |

자신의 가치는 자신이 만드니
자신을 업신여기는 상대를 욕하지 말아야 합니다.

부활의 꽃

골고다 사랑의 씨
나무 위에 심었나니
죄와 형벌 삼키우고
영원한 생명으로 피어나

택한 백성 구원 은혜로
생명 내음
호흡 되는구나

독자의 순종
아비맘 감동케 해
구원의 선물
부활의 꽃으로
만개하는구나.

In my integrity you uphold me and set me in your presence for-
ever.
(41:12)

| Daily Spiritual Food |

Mon
/
내가 눈물 흘릴 때에 잠잠하지 마옵소서 나는 주와 함께 있는 나그네이
며 나의 모든 조상들처럼 떠도나이다 (39:12)

Tue
/
내가 신뢰하여 내 떡을 나눠 먹던 나의 가까운 친구도 나를 대적하여 그
의 발꿈치를 들었나이다 (41:9)

Wed
/
주께서 나를 온전한 중에 붙드시고 영원히 주 앞에 세우시나이다 (41:12)

Thu
/
하나님이여 사슴이 시냇물을 찾기에 갈급함 같이 내 영혼이 주를 찾기에
갈급하나이다 (42:1)

Fri
/
내 영혼아 네가 어찌하여 낙심하며 어찌하여 내 속에서 불안해하는가 너
는 하나님께 소망을 두라 나는 (42:11)

Sat
/
주의 빛과 주의 진리를 보내시어 나를 인도하시고 주의 거룩한 산과 주
께서 계시는 곳에 이르게 하소서 (43:3)

| Vision Point |

순종이 최고의 비전입니다.

생명의 빛

아버지 큰사랑
세상에 입히어
십자가 위에 핀
순종과 사랑의 꽃
부활의 열매로
낙원곳간 향하누나

사망 삼킨 생명
영원한 승리되고
첫 열매 부활 따라
모두 본향길 가는구나

부활의 큰 기쁨
온 세상 가득
감사호흡 하는구나

부활의 권능 입은
택한 백성
가슴 깊이 배어나는
찬양 감사
칠흑 속
생명 빛 되었구나.

How awesome is the LORD Most High, the great King over all
the earth!   (47:2)

| Daily Spiritual Food |

Mon
/
나는 내 활을 의지하지 아니할 것이라 내 칼이 나를 구원하지 못하리이다 (44:6)

Tue
/
하나님이여 주의 보좌는 영원하며 주의 나라의 규는 공평한 규이니이다 (45:6)

Wed
/
하나님이 그 성 중에 게시매 성이 흔들리지 아니할 것이라 새벽에 하나님이 도우시리로다 (46:5)

Thu
/
지존하신 여호와는 두려우시고 온 땅에 큰 왕이 되심이로다 (47:2)

Fri
/
하나님이여 주의 이름과 같이 찬송도 땅 끝까지 미쳤으며 주의 오른손에는 정의가 충만하였나이다 (48:10)

Sat
/
존귀하나 깨닫지 못하는 사람은 멸망하는 짐승 같도다 (49:20)

| Vision Point |

벌은 꿀따는 동시에 수정을 시킵니다.
먹을 것 줄 때 꿈도 같이 주어야 합니다.

가정을 다스리고 미래를 사는
참 지혜가
님의 말씀에 가득하고
거문고 소리 같고
송이꿀처럼 달콤한
나의 인생의 참 행복집
천국으로 인도하는 등불이어라

May **5**

만 남

사랑하는 사람 만나니
행복이 무엇인지 알겠고
사랑 받을 줄 아는
사람 만나니
옥토밭의 아름다움 느껴요

만남은 지식 얻고
지식은 감성 가져오니
감성은 환경 만들어 가네요

좋은 스승 만남으로
바른 지식 얻고
좋은 이웃 만남으로
동행의 소중함 알아
감사만 하네요

여름의 푸른 잎에 묻혀 있어도
겨울에 빛 보는 소나무처럼
시련의 겨울 불어오는 날
푸른 자태를 뽑아 낼 수 있는
상록수의 만남을
그리워해요.

Create in me a pure heart, O God, and renew a steadfast spirit within me.
(51:10)

| Daily Spiritual Food |

Mon
/ 하나님을 잊어버린 너희여 이제 이를 생각하라 그렇지 아니하면 내가 너희를 찢으리니 건질 자 없으리라 (50:22)

Tue
/ 하나님이여 내 속에 정한 마음을 창조하시고 내 안에 정직한 영을 새롭게 하소서 (51:10)

Wed
/ 하나님께서 구하시는 제사는 상한 심령이라 하나님이여 상하고 통회하는 마음을 주께서 멸시하지 아니하시리이다 (51:17)

Thu
/ 나는 하나님의 집에 있는 푸른 감람나무 같음이여 하나님의 인자하심을 영원히 의지하리로다 (52:8)

Fri
/ 어리석은 자는 그의 마음에 이르기를 하나님이 없다 하도다 그들은 부패하며 가증한 악을 행함이여 선을 행하는 자가 없도다 (53:1)

Sat
/ 하나님은 나를 돕는 이시며 주께서는 내 생명을 붙들어 주시는 이시니이다 (54:4)

| Vision Point |

음식을 먹기 전에 손을 닦는 것과 같이
말씀을 듣기 전에 심령을 깨끗하게 해야 합니다.

어버이

하늘만큼 높고
땅만큼 넓은 사랑
강물처럼 흘려 보내다
주름주름 사랑 흔적
자녀들 필요 채워주고
요양원에 누워 계시네요

어린 자녀 얼싸 안고
수년간 기다린 빛
오늘에야 받으시네요

복된 가정 영혼의 보호 속
자자손손 행복 꽃
곱게 피겠네요.

When I am afraid, I will trust in you. (56:3)

| Daily Spiritual Food |

Mon
/
참으로 주께서는 모든 환난에서 나를 건지시고 내 원수가 보응 받는 것을 내 눈이 똑똑히 보게 하셨나이다 (54:7)

Tue
/
저녁과 아침과 정오에 내가 근심하여 탄식하리니 여호와께서 내 소리를 들으시리로다 (55:17)

Wed
/
네 짐을 여호와께 맡기라 그가 너를 붙드시고 의인의 요동함을 영원히 허락하지 아니하시리로다 (55:22)

Thu
/
내가 두려워하는 날에는 내가 주를 의지하리이다 (56:3)

Fri
/
내가 아뢰는 날에 내 원수들이 물러가리니 이것으로 하나님이 내 편이심을 내가 아나이다 (56:9)

Sat
/
내가 지존하신 하나님께 부르짖음이여 곧 나를 위하여 모든 것을 이루시는 하나님께로다 (57:2)

| Vision Point |

내가 사는 것은 내가 살기 때문이 아니라
하나님이 살게 하시기 때문입니다.

열매를 보면 스승을 알아요

칠흑바다 등대로
지식 지혜 삶의 본
올올이 수놓은 님

고해의 바다로
감사의 노 저으며
행복의 돛달게 했어요

스승의 그림자도
밟지 말라는 조상의 교훈
세파에 수몰되었으나
참사랑의 지식 섬김의 본
십자가 위에 피었어요

내가
곧
길이요
진리요
생명이니

사랑, 교훈의 삶은
택자의 영원한
스승이지요.

From the ends of the earth I call to you, I call as my heart grows faint; lead me to the rock that is higher than I. (61:2)

| Daily Spiritual Food |

Mon
/
악인은 모태에서부터 멀어졌음이여 나면서부터 곁길로 나아가 거짓을 말하는도다 (58:3)

Tue
/
주여 나를 도우시기 위하여 깨어 살펴주소서 (59:4)

Wed
/
나는 주의 힘을 노래하며 아침에 주의 인자하심을 높이 부르오리니 주는 나의 요새이시며 나의 환난 날에 피난처심이니이다 (59:16)

Thu
/
주께서 사랑하시는 자를 건지시기 위하여 주의 오른손으로 구원하시고 응답하소서 (60:5)

Fri
/
내 마음이 약해질 때에 땅 끝에서부터 주께 부르짖으오리니 나 보다 높은 바위에 나를 인도하소서 (61:2)

Sat
/
주의 인자하심이 생명보다 나으므로 내 입술이 주를 찬양할 것이라 (63:3)

| Vision Point |

일하기 싫은 일꾼은 주인이 깨면 일 시킬까봐 염려되어
주인이 잘 자도록 파리를 쫓습니다.

당신은 행복자

충성되어라 하심은
사랑의 동기
충성하면 누가 좋은가

밥 먹어라 따라 다니며
먹이는 엄마
사랑하는 자녀 위함이니
주는 관심, 사랑, 보살핌의 기쁨
님이 주신 은혜이구나

충성하라
한 알의 밀알 되라는
사랑의 음성
듣는 지혜자

당신은 행복자!

God will bless us, and all the ends of the earth will fear him.

(67:7)

| Daily Spiritual Food |

Mon
/
주는 나의 도움이 되셨음이라 내가 주의 날개 그늘에서 즐겁게 부르리이다 (63:7)

Tue
/
의인은 여호와로 말미암아 즐거워하며 그에게 피하리니 마음이 정직한 자는 다 자랑하리로다 (64:10)

Wed
/
주의 은택으로 한 해를 관 씌우시니 주의 길에는 기름방울이 떨어지며 (65:11)

Thu
/
그는 우리 영혼을 살려 두시고 우리의 실족함을 허락하지 아니하시는 주시로다 (66:9)

Fri
/
하나님이 우리에게 복을 주시리니 땅의 모든 끝이 하나님을 경외하리로다 (67:7)

Sat
/
하나님이 일어나시니 원수들은 흩어지며 주를 미워하는 자들은 주 앞에서 도망하리이다 (68:1)

| Vision Point |

손과 발로 주의 일 하는 것 이상으로
얼굴과 마음으로 주의 일을 하는 것이 중요합니다.

나의 지식
성경의 진리 만으로
나의 인도자
성령님 한 분 만으로
나의 기도의 대상
하나님 한 분 만으로
믿음의 대상도
주님 한 분 만으로 만족하리라

June **6**

심 금

하얀빛 푸른 산마루
단비되고
형체없는 솔바람
나무 잎 춤추게 하는구나

님의 십자가 사랑입고
태어난 이들
생명의 호흡 음률 타고
빈 가슴에 꿈 심어주는구나

아! 수리산 자락
생수의 박샘되어
구원둥지 속에
사랑여울 행복의 메아리되어
심금 울리는구나.

You know my folly, O God; my guilt is not hidden from you.

(69:5)

| Daily Spiritual Food |

Mon
/
네 하나님이 너의 힘을 명령하셨도다 하나님이여 우리를 위하여 행하신 것을 견고하게 하소서 (68:28)

Tue
/
내가 부르짖음으로 피곤하여 나의 목이 마르며 나의 하나님을 바라서 나의 눈이 쇠하였나이다 (69:3)

Wed
/
하나님이여 주는 나의 우매함을 아시오니 나의 죄가 주 앞에서 숨김이 없나이다 (69:5)

Thu
/
나를 수렁에서 건지사 빠지지 말게 하시고 나를 미워하는 자에게서와 깊은 물에서 건지소서 (69:14)

Fri
/
그들의 밥상이 올무가 되게 하시며 그들의 평안이 덫이 되게 하소서 (69:22)

Sat
/
여호와는 궁핍한 자의 소리를 들으시며 자기로 말미암아 갇힌 자를 멸시하지 아니하시나니 (69:33)

| Vision Point |

신자나 불신자나 돈을 벌어서
제때 제대로 사용하지 않으면 내 돈이 되지 않습니다.

금맥과 생명줄

사랑이 수고를 입고
친절이 섬김을 안으면
진리 안에서 행복이 피어나요

사랑없는 섬김은
불평의 씨앗되고
겸손과 존경없는 친절은
장사의 수단일 뿐이지요

사랑없는 사람 사랑한다
돈 없는 사람 돈 준다는 말
믿는 사람
결국 사기꾼소리 씨 되지요

사랑한다 말하기 전
사랑의 우물 파고
성령의 능력 열매 가득
사랑바다에 돛 내리세요

인맥이 금맥이라 중요하나
주님은 생명줄 되니
인맥 쌓으려다 진리 놓치면
어찌하려나

지혜로운 당신아
금보다 귀한 것 생명이니
분별의 능력 덧입으세요.

For you have been my hope, O Sovereign LORD, my confidence since my youth.
(71:5)

| Daily Spiritual Food |

Mon
/
나는 가난하고 궁핍하오니 하나님이여 속히 내게 임하소서 주는 나의 도움이시요 나를 건지시는 이시오니 여호와여 지체하지 마소서 (70:5)

Tue
/
여호와여 내가 주께 피하오니 내가 영원히 수치를 당하게 하지 마소서 (71:1)

Wed
/
주 여호와여 주는 나의 소망이시요 내가 어릴 때부터 신뢰한 이시라 (71:5)

Thu
/
하나님이여 나를 멀리 하지 마소서 나의 하나님이여 속히 나를 도우소서 (71:12)

Fri
/
하나님이여 내가 늙어 백발이 될 때에도 나를 버리지 마시며 내가 주의 힘을 후대에 전하고 주의 능력을 장래의 모든 사람에게 전하기까지 나를 버리지 마소서 (71:18)

Sat
/
그가 가난한 백성의 억울함을 풀어 주며 궁핍한 자의 자손을 구원하며 압박하는 자를 꺾으리로다 (72:4)

| Vision Point |

일생 중 실패했을 때 지혜로워야 합니다. 물이 빠지면 바닥이 훤히 보이듯이 실패했을 때 본성이 드러나기 때문입니다.

참사랑

참사랑이 무엇일까
소유욕에서 발동되는 사랑은
욕심일 뿐이요

동행위해 발동되는 사랑은
외로움을 이기기 위한 이기주의요

떠나도 동행해도
있는 그대로 사랑하고
상대를 아끼며
유익 주지 않아도
마냥 주고 싶고 보고 싶은
조건없어야 사랑이지…

이 세상에 이처럼 귀한 사랑
어디서 찾을 수 있을까.

Whom have I in heaven but you? And earth has nothing I desire besides you.
(73:25)

| Daily Spiritual Food |

Mon
/
그의 이름이 영구함이여 그의 이름이 해와 같이 장구하리로다 사람들이 그로 말미암아 복을 받으리니 모든 민족이 다 그를 복되다 하리로다 (72:17)

Tue
/
하나님이 참으로 이스라엘 중 마음이 정결한 자에게 선을 행하시나 (73:1)

Wed
/
내가 내 마음을 깨끗하게 하며 내 손을 씻어 무죄하다 한 것이 실로 헛되도다 (73:13)

Thu
/
하늘에서는 주 외에 누가 내게 있으리요 땅에서는 주 밖에 내가 사모할 이 없나이다 (73:25)

Fri
/
하나님께 가까이 함이 내게 복이라 내가 주 여호와를 나의 피난처로 삼아 주의 모든 행적을 전파하리이다 (73:28)

Sat
/
옛적부터 얻으시고 속량하사 주의 기업의 지파로 삼으신 주의 회중을 기억하시며 주께서 계시던 시온 산도 생각하소서 (74:2)

이방문화를 정죄하지 말고 활용하여 전도에 유익하게 해야 합니다.

세월의 강물

밤낮으로 흐르는 세월의 강물에
한 잎 낙엽되어
영원의 바다로 항해하노라

세월의 돌개천 만나
환난 고통 온몸 잠구어
가노라 가노라 미지의 세계로

천국, 의심없이 믿는다만
때로는 희미해져
신령의 눈 닦고
신령의 귀 열어
약속 믿으며
세월의 강물 님의 품에서
범사에 감사하며 가노라.

You alone are to be feared. Who can stand before you when you
are angry?
(76:7)

| Daily Spiritual Food |

Mon
/
낮도 주의 것이요 밤도 주의 것이라 주께서 빛과 해를 마련하셨으며 (74:16)

Tue
/
오직 재판장이신 하나님이 이를 낮추시고 저를 높이시느니라 (75:7)

Wed
/
주께서는 경외 받을 이시니 주께서 한 번 노하실 때에 누가 주의 목전에
서리이까 (76:7)

Thu
/
너희는 여호와 너희 하나님께서 서원하고 갚으라 사방에 있는 모든 사람
도 마땅히 경외할 이에게 예물을 드릴지로다 (76:11)

Fri
/
또 주의 모든 일을 작은 소리로 읊조리며 주의 행사를 낮은 소리로 되뇌
이리이다 (77:12)

Sat
/
내가 입을 열어 비유로 말하며 예로부터 감추어졌던 것을 드러내려 하니 (78:2)

| Vision Point |

하나님이 쓰는 사람을 소중히 여겨야
자신도 소중한 사람이 됩니다.

6월

6월!
아름다운 금수강산
6·25포성이 멈춘 지 50여년
젊은이들 피 내음
강물에 흐르고
푸른산 초토화 비극의 그날
멀리 떨구어라

아! 나라위해
산화한 영령들의 희생이
헛되지 않도록
자유와 민주주의 나라
복음과 성령으로 지켜내자

사랑하는 이들아!

Then we your people, the sheep of your pasture, will praise you forever; from generation to generation we will recount your praise.

(79:13)

| Daily Spiritual Food |

Mon
/
그들이 그들의 탐욕대로 음식을 구하여 그들의 심중에 하나님을 시험하였으며 (78:18)

Tue
/
오직 하나님은 긍휼하시므로 죄악을 덮어 주시어 멸망시키지 아니하시고 그의 진노를 여러 번 돌이키시며 그의 모든 분을 다 쏟아 내지 아니하셨으니 (78:38)

Wed
/
그러나 그들은 지존하신 하나님을 시험하고 반항하여 그의 명령을 지키지 아니하며 (78:56)

Thu
/
우리 구원의 하나님이여 주의 이름의 영광스러운 행사를 위하여 우리를 도우시며 주의 이름을 증거하기 위하여 우리를 건지시며 우리 죄를 사하소서 (79:9)

Fri
/
우리는 주의 백성이요 주의 목장의 양이니 우리는 영원히 주께 감사하며 주의 영예를 대대에 전하리이다 (79:13)

Sat
/
요셉을 양 떼 같이 인도하시는 이스라엘의 목자여 귀를 기울이소서 그룹 사이에 좌정하신 이여 빛을 비추소서 (80:1)

| Vision Point |

금 그릇이든 은 그릇이든 질그릇이든 깨끗해야 하나님이 사용하십니다.

바다 속 물고기 모으는
산호 해초처럼
그들의 숨을 곳이 되리라

July **7**

푯대를 향해

인생아
푯대를 향해야
바로 갈 수 있단다

움직이는 것
푯대될 수 없고
불변한 것
푯대되니
인생 앞에 놓여진
불변의 푯대
님 밖에 누구인가

길, 진리, 생명 되신 분
그분이 나의 푯대
닮을 대상임 알아
묵묵히 따라 가련다.

You shall have no foreign god among you; you shall not bow
down to an alien god. (81:9)

| Daily Spiritual Food |

Mon
/
만군의 하나님이여 구하옵나니 돌아오소서 하늘에서 굽어보시고 이 포도
나무를 돌보소서 (80:14)

Tue
/
만군의 하나님 여호와여 우리를 돌이켜 주시고 주의 얼굴의 광채를 우리
에게 비추소서 우리가 구원을 얻으리이다 (80:19)

Wed
/
너희 중에 다른 신을 두지 말며 이방 신에게 절하지 말지어다 (81:9)

Thu
/
나는 너를 애굽 땅에서 인도하여낸 여호와 네 하나님이니 네 입을 크게
열라 내가 채우리라 하였으나 (81:10)

Fri
/
가난한 자와 고아를 위하여 판단하며 곤란한 자와 빈궁한 자에게 공의를
베풀지며 (82:3)

Sat
/
그들은 알지도 못하고 깨닫지도 못하여 흑암 중에 왕래하니 땅의 모든
터가 흔들리도다 (82:5)

| Vision Point |

소금 단지 안의 소금이 되지 말고 세상 속에서 소금이 되어야 합니다.

사람의 매력

철조망 조용히
기어오르는 가시넝쿨에
빨간 장미꽃 피었어요

오늘따라 더욱 그 아름다움에
길손의 시선 받네요

좋은 나무 열매로 뽐내고
꽃나무 꽃으로 본성 드러내는데
사람은 무엇으로 매력보일까요

조물주 앞에 아름답고
사랑의 눈으로
신묘막측한 존재에 감탄하며
마음에 행복
조용히 품어봅니다.

Better is one day in your courts than a thousand elsewhere; I would rather be a doorkeeper in the house of my God than dwell in the tents of the wicked. (84:10)

| Daily Spiritual Food |

Mon
/
하나님이여 침묵하지 마소서 하나님이여 잠잠하지 마시고 조용하지 마소서 (83:1)

Tue
/
여호와여 그들의 얼굴에 수치가 가득하게 하사 그들이 주의 이름을 찾게 하소서 (83:16)

Wed
/
여호와라 이름하신 주만 온 세계의 지존자로 알게 하소서 (83:18)

Thu
/
나의 왕, 나의 하나님, 만군의 여호와여 주의 제단에서 참새도 제 집을 얻고 제비도 새끼 둘 보금자리를 얻었나이다 (84:3)

Fri
/
주께 힘을 얻고 그 마음에 시온의 대로가 있는 자는 복이 있나이다 (84:5)

Sat
/
주의 궁정에서의 한 날이 다른 곳에서의 천 날보다 나은즉 악인의 장막에 사는 것보다 내 하나님의 성전 문지기로 있는 것이 좋사오니 (84:10)

| Vision Point |

자연인생이 있고 화분인생이 있고 또한 꽃꽂이인생이 있습니다.

행 복

태양 쏘아 내린 열기
땅 달구고

이마 송글송글 돋는 땀방울
손수건 부르는구나

어둠보다 밝음 좋고
무더워도
살아 있는 날이 좋으니

삼복 더위 속에도
님 안에 거하니
행복하구나.

In the day of my trouble I will call to you, for you will answer me.
(86:7)

| Daily Spiritual Food |

Mon
/
여호와여 주의 인자하심을 우리에게 보이시며 주의 구원을 우리에게 주소서 (85:7)

Tue
/
여호와께서 좋은 것을 주시리니 우리 땅이 그 산물을 내리로다 (85:12)

Wed
/
주여 내 영혼이 주를 우러러보오니 주여 내 영혼을 기쁘게 하소서 (86:4)

Thu
/
나의 환난 날에 내가 주께 부르짖으리니 주께서 내게 응답하시리이다 (86:7)

Fri
/
주는 선하사 사죄하기를 즐거워하시며 주께 부르짖는 자에게 인자함이 후하심이니이다 (86:5)

Sat
/
곤란으로 말미암아 내 눈이 쇠하였나이다 여호와여 내가 매일 주를 부르며 주를 향하여 나의 두 손을 들었나이다 (88:9)

| Vision Point |

하나님의 사람은 하나님 앞에서는 겸손하고
사람에게는 겸손하되 당당해야 합니다.

참된 요새

빛난 불덩이 수평선 끝
부스스 잠깨니
길손의 앞 어두운 길 선명하고
휑한 거리 북적인다

어항 속 금붕어
행복도 잠시
술취한 가장 횡포로 파손되니
마루바닥에 누워
아가미 벌렁이며 죽어간다

잘났다 뽐내지만
지구어항 주인 토네이도* 보내니
한순간 깨어진 조화
행복이 벌판서 죽어간다

지구둥지 영원 요새 못되니
인간의 참된 요새는
님 통해 안기는
창조자의 품뿐이란다.

* 회오리 바람

They will still bear fruit in old age, they will stay fresh and green,
(92:14)

| Daily Spiritual Food |

Mon / 하나님은 거룩한 자의 모임 가운데에서 매우 무서워할 이시오며 둘러 있는 모든 자 위에 더욱 두려워할 이시니이다 (89:7)

Tue / 그가 내게 부르기를 주는 나의 아버지시요 나의 하나님이시요 나의 구원의 바위시라 하리로다 (89:26)

Wed / 우리의 연수가 칠십이요 강건하면 팔십이라도 그 연수의 자랑은 수고와 슬픔뿐이요 신속히 가니 우리가 날아가나이다 (90:10)

Thu / 그가 너를 위하여 그의 천사들을 명령하사 네 모든 길에서 너를 지키게 하심이라 (91:11)

Fri / 그는 늙어도 여전히 결실하며 진액이 풍족하고 빛이 청청하니 (92:14)

Sat / 주의 보좌는 예로부터 견고히 섰으며 주는 영원부터 계셨나이다 (93:2)

| Vision Point |

영혼을 사랑하는 마음으로 사람을 사랑해야 합니다.

내 가슴에 아버지 사랑 심고
행복의 배 안에서 진리로 노 저어
세속의 물살 가르며
영생의 낙원으로 함께 가리라

August **8**

숲처럼

숲처럼 솔직하리라

봄 태양에 파란 싹 움틔우고
여름 태양 작렬하면
큰 잎 흔들며
비오는 날이면
잎 손 모아
방울방울 물 받아
뿌리에 물 주리라

솔바람만 불어도 반응하며
나풀나풀 춤추는 솔직함으로
나의 삶에 교훈 삼으리라

우는 자와 함께 울고
웃는 자와 함께 웃고
슬픈 가슴 함께 나누어
반으로 줄이고
사랑하는 맘
웃는 환경 보태어
갑절 만들리라

행복의 물댄 동산
가뭄에도 청수 쏟아 내는
숲의 가슴처럼
솔직하리라.

The sea is his, for he made it, and his hands formed the dry land.
(95:5)

| Daily Spiritual Food |

Mon
/
귀를 지으신 이가 듣지 아니하시랴 눈을 만드신 이가 보지 아니하시랴 (94:9)

Tue
/
바다도 그의 것이라 그가 만드셨고 육지도 그의 손이 지으셨도다 (95:5)

Wed
/
존귀와 위엄이 그의 앞에 있으며 능력과 아름다움이 그의 성소에 있도다 (96:6)

Thu
/
여호와를 사랑하는 너희여 악을 미워하라 그가 그의 성도의 영혼을 보전하사 악인의 손에서 건지시느니라 (97:10)

Fri
/
하늘은 기뻐하고 땅은 즐거워하며 바다와 거기에 충만한 것이 외치고 (96:11)

Sat
/
그가 땅을 심판하러 임하실 것임이로다 그가 의로 세계를 판단하시며 공평으로 그의 백성을 심판하시리로다 (98:9)

8
August

| Vision Point |

자신의 행복이 아니라 다른 사람의 행복을 위해
영적투쟁 하는 것이 행복입니다.

길

십자가 고난
아버지가 만드신
영광과 사랑
부활과 영생의 길이었습니다

육성에 실망하고
옥합 깨고 괴로움 당하는 현실
사랑하기 때문에 긴긴 밤
잠 못 이룸은
해산의 고통으로
복음 전하기 위함이며
낳은 자녀 영혼의 병
회복의 길 외면했기 때문입니다

환난 핍박의 길
짝사랑의 십자가 길이라도
낙원의 누림 믿으며
아프지만 노래하면서 가렵니다.

Do not hide your face from me when I am in distress. Turn your ear to me; when I call, answer me quickly.   (102:2)

| Daily Spiritual Food |

Mon
/
너희는 여호와 우리 하나님을 높여 그의 발등상 앞에서 경배할지어다 그는 거룩하시도다 (99:5)

Tue
/
감사함으로 그의 문에 들어가며 찬송함으로 그의 궁정에 들어가서 그에게 감사하며 그의 이름을 송축할지어다 (100:4)

Wed
/
나는 비천한 것을 내 눈앞에 두지 아니할 것이요 배교자들의 행위를 내가 미워하오리니 나는 그 어느 것도 붙들지 아니하리이다 (101:3)

Thu
/
아침마다 내가 이 땅의 모든 악인을 멸하리니 악을 행하는 자는 여호와의 성에서 다 끊어지리로다 (101:8)

Fri
/
나의 괴로운 날에 주의 얼굴을 내게서 숨기지 마소서 주의 귀를 내게 기울이사 내가 부르짖는 날에 속히 내게 응답하소서 (102:2)

Sat
/
내가 밤을 새우니 지붕 위의 외로운 참새 같으니이다 (102:7)

| Vision Point |

분별이 서지 않을 때는 묵묵히 인내해야 합니다.

통일의 날 손꼽으며

고난의 여울 해방의 그날
서러움 밀어내며 만세 만세
환희의 기쁨 속속들이 배어들고
찜통더위도 광복으로 날려 보내는
형제야!

철책으로 박힌 길목
믿음 소망 사랑으로 열어보자

한라에서 백두까지
원없이 오가도록
동방의 예루살렘, 평양에
성령 임재하여 교회당 재건하자

동강난 허리 쇠말뚝 뽑아내고
이산의 아픔 한번 날려보자

불신앙의 결박 벗고
아집고집 던져버리고
화해 현장 사랑의 맘
흘리신 보혈에
속죄의 은혜 입어보자

광복의 그날
애국애족 첫사랑
그 순수함 회복하며
백의민족 뿌리 찾아
함께 먹고 정 나누자

아! 내 동족 감사하는 착한 가슴에
복음의 씨 심어
행복의 열매 피우게 하소서.

As for man, his days are like grass, he flourishes like a flower of
the field;
(103:15)

| Daily Spiritual Food |

Mon
/
자주 경책하지 아니하시며 노를 영원히 품지 아니하시리로다 (103:9)

Tue
/
동이 서에서 먼 것 같이 우리의 죄과를 우리에게서 멀리 옮기셨으며 (103:12)

Wed
/
인생은 그 날이 풀과 같으며 그 영화가 들의 꽃과 같도다 (103:15)

Thu
/
여호와의 지으심을 받고 그가 다스리시는 모든 곳에 있는 너희여 여호와
를 송축하라 내 영혼아 여호와를 송축하라 (103:22)

Fri
/
그가 그의 누각에서부터 산에 물을 부어 주시니 주께서 하시는 일의 결
실이 땅을 만족시켜 주는도다 (104:13)

Sat
/
여호와여 주께서 하신 일이 어찌 그리 많은지요 주께서 지혜로 그들을
다 지으셨으니 주께서 지으신 것들이 땅에 가득하니이다 (104:24)

| Vision Point |

영적 황사바람이 불면 자신에게는 문제 없어 보여도
영향을 받습니다.

꿈이 있어요

열심히 일하고 사랑하며
행복을 노래하고
서로 섬기면서
기쁨 가득 환하게 웃는 날

넓은 대지 큼지막한 건물
탁트인 정원에서
노인 아이 장애인 비장애인
빈부의 담 넘고 함께 손잡고
신령한 가족 사랑 우물가에서
샘물 마시며 낙원으로 행하는 날

오직 성령의 능력으로
변화와 회복 은혜 풍성해
주체할 수 없을 만큼
많은 사람들과
영육의 복 받는 날 꿈꾸어요.

| Daily Spiritual Food |

Mon
/
그의 거룩한 이름을 자랑하라 여호와를 구하는 자들은 마음이 즐거울지로다 (105:3)

Tue
/
그는 여호와 우리 하나님이시라 그의 판단이 온 땅에 있도다 (105:7)

Wed
/
여호와께서 낮에는 구름을 펴사 덮개를 삼으시고 밤에는 불로 밝히셨으며 (105:39)

Thu
/
여러 나라의 땅을 그들에게 주시며 민족들이 수고한 것을 소유로 가지게 하셨으니 (105:44)

Fri
/
그들을 그 미워하는 자의 손에서 구원하시며 그 원수의 손에서 구원하셨고 (106:10)

Sat
/
그들을 사로잡은 모든 자에게서 긍휼히 여김을 받게 하셨도다 (106:46)

| Vision Point |

다이아몬드가 그냥 다이아몬드로 있을 때 보다
링의 뒷받침으로 반지가 될 때 비로소 아름다운 빛을 내며
가치가 있습니다.

장맛비

신년의 큰 기대
행복의 삶 여울에
반 년의 세월 훌쩍 흘러가나

군대 보낸 아들
흙으로 돌려보낸 어미
가슴 아파 울고 있음을
하늘도 서러워
온종일 눈물 쏟는구나

사람 사랑하는 맘
복된 삶이거늘
어쩌자고 인간은
생명의 소중함 잊고 사는가

탄식하며 울어대는
장마비의 서러움 뒤로하고
가을의 풍성한 열매 기대하며
또 한번 희망을 가져봅니다.

The upright see and rejoice, but all the wicked shut their mouths.
(107:42)

| Daily Spiritual Food |

Mon
/
그가 사모하는 영혼에게 만족을 주시며 주린 영혼에게 좋은 것으로 채워 주심이로다 (107:9)

Tue
/
흑암과 사망의 그늘에서 인도하여 내시고 그들의 얽어 맨 줄을 끊으셨도다 (107:14)

Wed
/
그들이 평온함으로 말미암아 기뻐하는 중에 여호와께서 그들이 바라는 항구로 인도하시는도다 (107:30)

Thu
/
정직한 자는 보고 기뻐하며 모든 사악한 자는 자기 입을 봉하리로다 (107:42)

Fri
/
하나님이여 내 마음을 정하였사오니 내가 노래하며 나의 마음을 다하여 찬양하리로다 (108:1)

Sat
/
우리를 도와 대적을 치게 하소서 사람의 구원은 헛됨이니이다 (108:12)

8

August

사람은 사람이 좋은 일을 하면 시기하여 덮거나
공로를 가로채지만 하나님은 찾아 드러내십니다.

외로워
많은 사람 찾아나서도
심령의 낙 적어
주님 의지하며
차라리 홀로 서리라

September **9**

처음 사랑을 영원히

파란 싹 가냘프더니
여름지나 열매 대롱대롱
맺어가는구나

처음엔 싹으로 말하나
가을되니 열매로 말하는구나

첫사랑 영원히 간직하여
사랑의 호수에 온 몸 잠그고
모두 보고 느끼고 체험하도록
사랑의 열매 맺으며
행복 누리어라.

He provides food for those who fear him; he remembers his covenant forever. (111:5)

| Daily Spiritual Food |

Mon
/
나는 사랑하나 그들은 도리어 나를 대적하니 나는 기도할 뿐이라 (109:4)

Tue
/
여호와 나의 하나님이여 나를 도우시며 주의 인자하심을 따라 나를 구원하소서 (109:26)

Wed
/
그들은 내게 저주하여도 주는 내게 복을 주소서 그들은 일어날 때에 수치를 당할지라도 주의 종은 즐거워하리이다 (109:28)

Thu
/
내가 입으로 여호와께 크게 감사하며 많은 사람 중에서 찬송하리니 (109:30)

Fri
/
여호와께서 시온에서부터 주의 권능의 규를 내보내시리니 주는 원수들 중에서 다스리소서 (110:2)

Sat
/
여호와께서 자기를 경외하는 자들에게 양식을 주시며 그의 언약을 영원히 기억하시리로다 (111:5)

| Vision Point |

하나님이 함께 하는 능력은
강하고 담대하고 온유한 마음으로 나타납니다.

그리움

파란 싹 세월 머금고
색색의 잎 열매 주렁
농심의 보람 가득 채우는
황금 들녘의 싱그러움

둥근 달 불러내고
맑고 높은 하늘 보며
타작마당 검불 모아
살아난 매캐한 냄새타고
동심 추억 피어나
고향 땅 바라보니

물처럼 흘러간 인걸들
텅 빈 가슴 샘 되어도
낙원의 님 호흡 접하며
한가위 풍성한
감사의 샘물 흘러 넘쳐요.

From the rising of the sun to the place where it sets, the name of
the LORD is to be praised. (113:3)

| Daily Spiritual Food |

Mon
/
그의 후손이 땅에서 강성함이여 정직한 자들의 후손에게 복이 있으리로
다 (112:2)

Tue
/
그는 영원히 흔들리지 아니함이여 의인은 영원히 기억되리로다 (112:6)

Wed
/
그가 재물을 흩어 빈궁한 자들에게 주었으니 그의 의가 영구히 있고 그
의 뿔이 영광 중에 들리리로다 (112:9)

Thu
/
해 돋는 데에서부터 해 지는 데에까지 여호와의 이름이 찬양을 받으시리
로다 (113:3)

Fri
/
임신하지 못하던 여자를 집에 살게 하사 자녀들을 즐겁게 하는 어머니가
되게 하시는도다 (113:9)

Sat
/
그가 반석을 쳐서 못물이 되게 하시며 차돌로 샘물이 되게 하셨도다 (114:8)

| Vision Point |

가지에 열매가 맺혀야 원줄기의 보호를 받습니다.

추 석

가을바람 솔 부니
열매 가슴 영글고
추석의 만남
사랑 토하는구나

아름다운 만남 통해
주고 받는 말
감사의 여울
행복의 정 흐르는구나

아, 사랑이여!
영원을 믿는자 되니
범사에 감사가
맘속 샘 되는구나

이 추석 명절에….

Because he turned his ear to me, I will call on him as long as I live. (116:2)

| Daily Spiritual Food |

Mon
/
여호와여 영광을 우리에게 돌리지 마옵소서 오직 주는 인자하시고 진실하시므로 주의 이름에만 영광을 돌리소서 (115:1)

Tue
/
여호와를 경외하는 자들아 너희는 여호와를 의지하여라 그는 너희의 방패시로다 (115:11)

Wed
/
여호와께서 너희를 곧 너희와 너희의 자손을 더욱 번창하게 하시기를 원하노라 (115:14)

Thu
/
하늘은 여호와의 하늘이라도 땅은 사람에게 주셨도다 (115:16)

Fri
/
그의 귀를 내게 기울이셨으므로 내가 평생에 기도하리로다 (116:2)

Sat
/
여호와는 은혜로우시며 의로우시며 우리 하나님은 긍휼이 많으시도다 (116:5)

| Vision Point |

세상 사람들이 주의 일을 하도록 하지 말고
그리스도인이 주의 일을 해야 합니다.

알 밤

좋은 때 만났군요
가시주머니 알밤 대우 받는 가을

밤송이 같은 당신아
가슴 열어 알밤 쏟아 주려무나

숨은 낙엽 속으로
꼬쟁이 들고 알밤 찾는 아이들
한 때라도 기쁘도록

겉보다 속 매력 알찬
알밤 품은 실속 있는 당신아

이 가을 좋은 열매 맺어보자구나!

For great is his love toward us, and the faithfulness of the LORD
endures forever. Praise the LORD.   (117:2)

| Daily Spiritual Food |

Mon
/
주께서 내 영혼을 사망에서, 내 눈을 눈물에서, 내 발을 넘어짐에서 건지
셨나이다 (116:8)

Tue
/
내가 여호와께 서원한 것을 그의 모든 백성이 보는 앞에서 내가 지키리
로다 (116:18)

Wed
/
우리에게 향하신 여호와의 인자하심이 크시고 여호와의 진실하심이 영원
함이로다 (117:2)

Thu
/
여호와께 피하는 것이 사람을 신뢰하는 것보다 나으며 (118:8)

Fri
/
여호와께서 나를 심히 경책하셨어도 죽음에는 넘기지 아니하셨도다 (118:18)

Sat
/
건축자가 버린 돌이 집 모퉁이의 머릿돌이 되었나니 (118:22)

9

September

| Vision Point |

지도자는 외로워도 기둥이 되어야 합니다.
기둥이 서로 붙으면 벽이 됩니다.

당신의 행복이 밑빠진 독이라 해도
당신을 만족케 할 수 없다 해도
내 마음에 당신을 조용히 품고
님이 주신 평안을 함께
나누면서 사랑하리라

October **10**

바 람

가을바람 산과 들 입히니
색색의 잎 날개 달고
춤추며 환호하누나

님의 영의 바람
질그릇 속 임하니
시공초월 삼층천*의 신비
심령의 낙으로 피어나누나

님 통해 열린 세계
길 진리 생명 잉태하고
행복을 출산하누나.

* 고후 12:2, 바울 사도가 본 천국의 환상.

How can a young man keep his way pure? By living according to
your word.   (119:9)

Daily Spiritual Food

Mon
/   행위가 온전하여 여호와의 율법을 따라 행하는 자들은 복이 있음이여 (119:1)

Tue
/   내가 주의 모든 계명에 주의할 때에는 부끄럽지 아니하리이다 (119:6)

Wed
/   청년이 무엇으로 그의 행실을 깨끗하게 하리이까 주의 말씀만 지킬 따름
이니이다 (119.9)

Thu
/   내 눈을 열어서 주의 율법에서 놀라운 것을 보게 하소서 (119:18)

Fri
/   거짓 행위를 내게서 떠나게 하시고 주의 법을 내게 은혜로이 베푸소서
(119:29)

Sat
/   내 눈을 돌이켜 허탄한 것을 보지 말게 하시고 주의 길에서 나를 살아나
게 하소서 (119:37)

10

October

| Vision Point |

가시돋은 상태로 서로 껴안은 고슴도치는 서로에게 상처를 줄 뿐
입니다. 섬김으로 화목해야 합니다.

행 복

당신은
행복의 밭, 기쁨의 샘
알알이 곡식 영그는 열매
소복이 태어날 때

농부의 보람 행복의 샘 넘치고
행복이 감사 기도되어
님 보좌로 피어 오른다

당신의 아름다운 삶에
님의 모습, 고매한 인격 넘치는
생명 토해 낼 때

영혼은 기쁨의 샘되니
님의 지체되어
온 몸 담근다

거룩한 삶으로
하늘보좌 움직이니
함께 받은 복
태어나는 만남에 감사해요.

My comfort in my suffering is this: Your promise preserves my life.
(119:50)

| Daily Spiritual Food |

Mon
/
주의 종에게 하신 말씀을 기억하소서 주께서 내게 소망을 가지게 하셨나이다 (119:49)

Tue
/
말씀은 나의 고난 중의 위로라 주의 말씀이 나를 살리셨기 때문이니이다 (119:50)

Wed
/
내 소유는 이것이니 곧 주의 법도들을 지킨 것이니이다 (119:56)

Thu
/
주를 경외하는 자들이 나를 보고 기뻐하는 것은 내가 수의 말씀을 바라는 까닭이니이다 (119:74)

Fri
/
나는 주의 것이오니 나를 구원하소서 내가 주의 법도들만을 찾았나이다 (119:94)

Sat
/
주의 말씀의 맛이 내게 어찌 그리 단지요 내 입에 꿀보다 더 다니이다 (119:103)

| Vision Point |

밥을 얻어 먹을 때가 있고, 밥을 해 먹을 때가 있고
밥을 해 줄 때가 있습니다.

목 회

산비탈 가득 입히운 양 떼
목자의 눈망울 가득 채우니
은밀히 다가오는 이리
눈에 가시되는구나

사랑 가슴에 분노 씨 심는
양의 탈 쓴 이리
목자의 선한 양심에
상처 입히는구나

사랑의 구원 사역
의무감 만들고
평안의 맘 불면증 키워내나

님의 십자가 주변 지키니
좁은 길 수고로움이
너무 당연함이라

영생 바라보며
양떼와 생사를 함께 하노라.

| Daily Spiritual Food |

Mon
/ 주의 말씀은 내 발에 등이요 내 길에 빛이니이다 (119:105)

Tue
/ 내가 두 마음 품는 자들을 미워하고 주의 법을 사랑하나이다 (119:113)

Wed
/ 주의 말씀을 열면 빛이 비치어 우둔한 사람들을 깨닫게 하나이다 (119.130)

Thu
/ 주의 말씀이 심히 순수하므로 주의 종이 이를 사랑하나이다 (119:140)

Fri
/ 내가 주의 법도들을 택하였사오니 주의 손이 항상 나의 도움이 되게 하소서 (119:173)

Sat
/ 나는 화평을 원할지라도 내가 말할 때에 그들은 싸우려 하는도다 (120:7)

| Vision Point |

씨를 심기 전에 먼저 토양을 연구해야 합니다.

돌과 물

열매 주렁 가을 나무
다음해 보장 받고
회개 통한 성령 열매
영원 행복 보장 받음을
지혜자는 알리라

낙원의 행복 꿈꾸며
현실에 안주하거나 슬퍼하지 말자

전능자 아버지께서
당신 손잡고 있으니
사랑 추억 감사 돌에 새기고
실패 좌절 미움 물에 새겨두자

기도하는 당신
전능자 능력 가졌구나.

| Weekley Psalms |
시편 121~123편

| Daily Spiritual Food |

Mon
/
나의 도움은 천지를 지으신 여호와에게서로다 (121:2)

Tue
/
낮의 해가 너를 상하게 하지 아니하며 밤의 달도 너를 해치지 아니하리로다 (121:6)

Wed
/
여호와께서 너를 지겨 모든 환난을 면하게 하시며 또 네 영혼을 지키시리로다 (121:7)

Thu
/
예루살렘을 위하여 평안을 구하라 예루살렘을 사랑하는 자는 형통하리로다 (122:6)

Fri
/
여호와 우리 하나님의 집을 위하여 내가 너를 위하여 복을 구하리로다 (122:9)

Sat
/
여호와여 우리에게 은혜를 베푸시고 또 은혜를 베푸소서 심한 멸시가 우리에게 넘치나이다 (123:3)

| Vision Point |

자신의 마음의 창문을 먼저 열어야
상대방의 마음의 공기를 맡을 수 있습니다.

10
October

사랑하는 자와 함께
가슴 열린 하얀 이 드러내며
님이 뿌린 낙엽 밟으며
영원을 노래하리라

November **11**

본 성

열매 보면서
나무의 본성을
평가하렵니다

말씀 들으면서
마음속 선악을
찾아보렵니다

행위로 옮기기 전
행위의 씨를
찾아보렵니다

아버지 내가 누구입니까?
나에게
할 수 없는
영혼의 사역을 주셨나이까?

아무리 보아도
나의 힘으로 못하니
님께서 님의 도구로
삼아주세요.

Those who sow in tears will reap with songs of joy. (126:5)

시편 124~127편

| Daily Spiritual Food |

Mon
/
우리를 내주어 그들의 이에 씹히지 아니하게 하신 여호와를 찬송할지로다 (124:6)

Tue
/
우리의 영혼이 사냥꾼의 올무에서 벗어난 새 같이 되었나니 올무가 끊어지므로 우리가 벗어났도다 (124:7)

Wed
/
여호와를 의지하는 자는 시온 산이 흔들리지 아니하고 영원히 있음 같도다 (125:1)

Thu
/
눈물을 흘리며 씨를 뿌리는 자는 기쁨으로 거두리로다 (126:5)

Fri
/
여호와께서 집을 세우지 아니하시면 세우는 자의 수고가 헛되며 여호와께서 성을 지키지 아니하시면 파수꾼의 깨어 있음이 헛되도다 (127:1)

Sat
/
보라 자식들은 여호와의 기업이요 태의 열매는 그의 상급이로다 (127:3)

| Vision Point |

경제는 올라가는데 신앙이 내려가면 가정에 혼란이 옵니다.

일어나자

환경에 지배되면
현실의 고통밭 갈고
육체의 종 삶 둥지틀
허무한 생 이루어진다

반석 위 집 짓는 삶
행복 생활 꽃피우고
열린 하늘문 통해
내리운 은총
세세토록 승리된다

일어나자 새롭게 하자
전능자 영의 권세옷 입어
님의 계절 온 땅 만개토록

님의 보혈로 태어난 가족
온누리 희망으로 북돋우자.

You will eat the fruit of your labor; blessings and prosperity will
be yours.   (128:2)

| Daily Spiritual Food |

Mon
/
이것이 그의 화살통에 가득한 자는 복되도다 그들이 성문에서 그들의 원
수와 담판할 때에 수치를 당하지 아니하리로다 (127:5)

Tue
/
네가 네 손이 수고한 대로 먹을 것이라 네가 복되고 형통하리로다 (128:2)

Wed
/
네 집 안방에 있는 네 아내는 결실한 포도나무 같으며 네 식탁에 둘러
앉은 자식들은 어린 감람나무 같으리로다 (128:3)

Thu
/
여호와께서는 의로우사 악인들의 줄을 끊으셨도다 (129:4)

Fri
/
지나가는 자들도 여호와의 복이 너희에게 있을지어다 하거나 우리가 여
호와의 이름으로 너희에게 축복한다 하지 아니하느니라 (129:8)

Sat
/
그러나 사유하심이 주께 있음은 주를 경외하게 하심이니이다 (130:4)

| Vision Point |

화해를 하려면 자존심과 명분까지도 버려야 합니다.

농부의 손

하얀 빛 옥토밭
가득 채울 때면

곡식과 가라지
힘겨운 씨름하다

농부의 손 임하여
곡식 승리하니

가을 황금들녘 지나
풍성한 열매
곳간을 채우겠구나.

My soul waits for the Lord more than watchmen wait for the morning, more than watchmen wait for the morning.   (130:6)

| Daily Spiritual Food |

Mon
/
파수꾼이 아침을 기다림보다 내 영혼이 주를 더 기다리나니 참으로 파수꾼이 아침을 기다림보다 더하도다 (130:6)

Tue
/
실로 내가 내 영혼으로 고요하고 평온하게 하기를 젖 뗀 아이가 그의 어머니 품에 있음 같게 하였나니 내 영혼이 젖 뗀 아이와 같도다 (131:2)

Wed
/
주의 종 다윗을 위하여 주의 기름 부음 받은 자의 얼굴을 외면하지 마옵소서 (132:10)

Thu
/
이는 내가 영원히 쉴 곳이라 내가 여기 거주할 것은 이를 원하였음이로다 (132:14)

Fri
/
보라 형제가 연합하여 동거함이 어찌 그리 선하고 아름다운고 (133:1)

Sat
/
천지를 지으신 여호와께서 시온에서 네게 복을 주실지어다 (134:3)

| Vision Point |

비행기가 뜨기 직전 동체(胴體)가 움직여야 비행기가 뜹니다.

추수감사절

천지 만드시고
님의 형상 닮은 사람지어
만물 다스릴 권세 주심에 감사

생육 번성의 복 온누리 임해
더불어 행복 주심에 감사

죄 열매로 실락(失樂) 슬픔
주 보혈로 회복 은혜 입혀
자녀 신분 얻게 하심에 감사

땀 심고 열매 거두는 땅과 씨
빛 주고 물 나리우고
오곡백과 열매 주심에 감사

육신의 장막 수명 다할 때
영생하는 영혼 천국 낙원
입소시키심에 감사

열매 요구하시며 자녀 대우하신
님께 오직 감사하여
감사의 손 모읍니다.

who by his understanding made the heavens, His love endures forever. (136:5)

| Daily Spiritual Food |

Mon
/
결국의 우상은 은 금이요 사람의 손으로 만든 것이라 (135:15)

Tue
/
여호와께 감사하라 그는 선하시며 그 인자하심이 영원함이로다 (136:1)

Wed
/
지혜로 하늘을 지으신 이에게 감사하라 그 인지하심이 영원함이로다 (136:5)

Thu
/
해로 낮을 주관하게 하신 이에게 감사하라 그 인자하심이 영원함이로다 (136:8)

Fri
/
그의 백성을 인도하여 광야를 통과하게 하신 이에게 감사하라 그 인자하심이 영원함이로다 (136:16)

Sat
/
그들의 땅을 기업으로 주신 이에게 감사하라 그 인자하심이 영원함이로다 (136:21)

| Vision Point |

주의 일을 하다가 핍박을 받으면 주님이 함께 받지만
자기 일을 하다가 핍박 받으면 자기 혼자 받게 됩니다.

감 사

푸른 잎 붉어
낙하(落下)하니
감나무 열매 더욱
하늘 주렁주렁
가을 깊어
겨울 다가온다

푸른 들녘
채소 뽑아
김장 김치 담궈
겨울 푸근함 가득가득

만족 채우며
수고의 대가 이상
풍성한 열매 주심 고마워
감사의 맘
속속들이 바칩니다.

When I called, you answered me; you made me bold and stout-hearted. (138:3)

| Daily Spiritual Food |

Mon
/
내가 예루살렘을 기억하지 아니 하거나 내가 가장 즐거워하는 것 보다 더 즐거워하지 아니할진대 내 혀가 내 입천장에 붙을지로다 (137:6)

Tue
/
내가 간구하는 날에 주께서 응답하시고 내 영혼에 힘을 줄어 나를 강하게 하셨나이다 (138:3)

Wed
/
여호와께서는 높이 계셔도 낮은 자를 굽어살피시며 멀리서도 교만한 자를 아심이니이다 (138:6)

Thu
/
내가 환난 중에 다닐지라도 주께서 나를 살아나게 하시고 주의 손을 펴사 내 원수들의 분노를 막으시며 주의 오른손이 나를 구원하시리이다 (138:7)

Fri
/
내가 주의 영을 떠나 어디로 가며 주의 앞에서 어디로 피하리이까 (139:7)

Sat
/
주께서 내 내장을 지으시며 나의 모태에서 나를 만드셨나이다 (139:13)

| Vision Point |

주님과 자신과의 사이에 이끼가 끼지 않도록 깨어 있어야 합니다.

빈 손 들고 가는 인생아
무엇을 잡으려나
빈 손임을 아는데
두 손을 맑게 헹구고
생명의 길 예수 통해
아버지 나라 향하며
세속의 유혹을 이겨내리라

December **12**

인생 여정

흐르는 세월따라
걸어온 나날
생노병사의 여정
희노애락의 터널

노년은 인생의 결실
백발은 면류관
꽃 지면 열매 맺는 것
지혜자는 알리라

과거 서러움 시리고 아파
검은 머리 하얗게 바래
시들고 떨어짐
자연의 원리 막을 길 없으니

노년은 임하는 것
비바람 눈서리 누구나 맞는 것
택자의 누림은
영원한 낙원이지요.

가슴 열고 노년의 기쁨 맞고
열린 낙원 길
조용히 걸으며
행복을 노래하는구나

But my eyes are fixed on you, O Sovereign LORD; in you I take refuge - do not give me over to death.　　　　　(141:8)

| Daily Spiritual Food |

Mon
/
하나님이여 나를 살피사 내 마음을 아시며 나를 시험하사 내 뜻을 아옵소서 (139:23)

Tue
/
여호와여 나를 지키사 악인의 손에 빠지지 않게 하시며 나를 보전하사 포악한 자에게서 벗어나게 하소서 그들은 나의 걸음을 밀치려 하나이다 (140:4)

Wed
/
주 여호와여 내 눈이 주께 향하며 내가 주께 피하오니 내 영혼을 빈궁한 대로 버려 두지 마옵소서 (141:8)

Thu
/
주의 존귀하고 영광스러운 위엄과 주의 기이한 일들을 나는 작은 소리로 읊조리리이다 (145:5)

Fri
/
내 영혼을 옥에서 이끌어 내사 주의 이름을 감사하게 하소서 주께서 나에게 갚아 주시리니 의인들이 나를 두르리이다 (142:7)

Sat
/
주는 나의 하나님이시니 나를 가르쳐 주의 뜻을 행하게 하소서 주의 영은 선하시니 나를 공평한 땅에 인도하소서 (143:10)

| Vision Point |

사람을 쓰기 전에 그 사람을 아끼며 사랑하는 사람이 큰 자입니다.

사랑의 꽃

눈에 핀 사랑의 꽃
시들기 쉽고
입술에 핀 사랑의 꽃
변질되기 쉬우나

가슴에 핀 사랑의 꽃
시들지 않고
십자가에 핀 사랑의 꽃
영원 불변하지요

님의 은혜로 맺어진 만남
사랑 돌봄 진리
가슴에 사랑 꽃 피워
당신과 함께
행복 꽃 피우리라.

Blessed are the people of whom this is true; blessed are the people whose God is the LORD.   (144:15)

| Daily Spiritual Food |

Mon
/
주의 인자하심으로 나의 원수들을 끊으시고 내 영혼을 괴롭게 하는 자를 다 멸하소서 나는 주의 종이니이다 (143:12)

Tue
/
여호와는 나의 사랑이시요 나의 요새이시요 나의 산성이시요 나를 건지시는 이시요 나의 방패이시니 내가 그에게 피하였고 그가 내 백성을 내게 복종하게 하셨나이다 (144:2)

Wed
/
사람은 헛것 같고 그의 날은 지나가는 그림자 같으니이다 (144:4)

Thu
/
위에서부터 주의 손을 펴사 나를 큰 물과 이방인의 손에서 구하여 건지소서 (144:7)

Fri
/
우리 아들들은 어리다가 장성한 나무들과 같으며 우리 딸들은 궁전의 양식대로 아름답게 다듬은 모퉁잇돌들과 같으며 (144:12)

Sat
/
여호와를 자기 하나님으로 삼는 백성은 복이 있도다 (144:15)

| Vision Point |

인생의 노후대책은 성경을 바로 깨닫고 행하는 것입니다.

성탄에

아버지 큰 사랑
베들레헴
별 따라 흐르고

그 빛 따르는 사람들
행복을 입어간다

사망이 장사되고
생명이 살아나

불행의 깊은 잠
생명으로 깨어나는
좋은 성탄

온 누리에 평화 있기를….

Do not put your trust in princes, in mortal men, who cannot save. (146:3)

시편 145~146편

| Daily Spiritual Food |

Mon
/   내가 날마다 주를 송축하며 영원히 주의 이름을 송축하리이다 (145:2)

Tue
/   여호와는 은혜로우시며 긍휼이 많으시며 노하기를 더디 하시며 인자하심이 크시도다 (145:8)

Wed
/   여호와께시는 모든 넘이지는 지들을 붙드시며 비굴한 지들을 일으키시는도다 (145:14)

Thu
/   여호와께서는 그 모든 행위에 의로우시며 그 모든 일에 은혜로우시도다 (145:17)

Fri
/   그는 자기를 경외하는 자들의 소원을 이루시며 또 그들의 부르짖음을 들으사 구원하시리로다 (145:19)

Sat
/   귀인들을 의지하지 말며 도울 힘이 없는 인생도 의지하지 말지니 (146:3)

시끄럽게 들렸던 아기의 울음소리가
엄마가 되면 아기의 심정을 헤아리는 신호로 들립니다.

상록수

난 겨울이 좋아
찬바람에 더욱 푸르른
큰 손 설렁설렁 흔들며
행복해 하는 너 때문에

눈 내리면
푸름 위에 하얀 옷 입고
든든히 서 행복해 하는 너 때문에

난 겨울이 되면
하늘 태양 마음껏
받을 수 있는 것
행복임 알아
낙엽 진 겨울에
상록수 되어
더욱 행복한 노래 듣는다.

Let everything that has breath praise the LORD. Praise the LORD.
(150:6)

시편 147~150편

| Daily Spiritual Food |

Mon
/
상심한 자들을 고치시며 그들의 상처를 싸매시는도다 (147:3)

Tue
/
여호와께서 겸손한 자들은 붙드시고 악인들은 땅에 엎드러뜨리시는도다 (147:6)

Wed
/
여호와는 지기를 경외히는 자들과 그의 인자하심을 바라는 자들을 기뻐 하시는도다 (147:11)

Thu
/
그것들이 여호와의 이름을 찬양함은 그가 명령하시므로 지음을 받았음이 로다 (148:5)

Fri
/
성도들은 영광 중에 즐거워하며 그들의 침상에서 기쁨으로 노래할지어다 (149:5)

Sat
/
호흡이 있는 자마다 여호와를 찬양할지어다 할렐루야 (150:6)

| Vision Point |

바늘은 가만 두면 녹슬고 꿰매야 무뎌지지 않듯이
주의 일도 부지런히 행해야 기쁨을 얻고 행복해집니다.

December

12

복있는 사람은
악인들의 꾀를 따르지 아니하며
죄인들의 길에 서지 아니하며
오만한 자들의 자리에 앉지 아니합니다.

어느덧 1년 52주가
하나님의 은혜 가운데 지나갔습니다.
한 해 동안 하나님을 만나고 하나님을 찬양하며
그분을 바르게 고백을 했지만
때때로 갈등이 찾아오고
고난과 역경도 찾아왔습니다.
그러나 매일 말씀 가운데 주님께 의지하며
주님이 방패와 보호자가 되어 주셨기에
잘 견딜수 있었음을 고백합니다.

사랑 가득한 농부의 마음으로
삶의 봄에 생명의 씨를 심고
성령의 단비로 키우며
성령의 열매 맺기를 소원하고
하루하루 빛 가운데 거하기를 노력했습니다
저뿐만 아니라 모든 신령한 가족들이
그렇게 살기를 소원했습니다.

「선물 52」가
여러분의 삶에 많은 도움이 되었으리라 믿으며
다가 오는 새해 복 많이 받으며
하나님의 은총이 넘치기를 바랍니다.

감사합니다.